AF247945

LE
JÉSUITISME POLITIQUE

ET

LE COMTE DE MONTLOSIER

EN 1826

par

E. MICHAUD

PROFESSEUR A L'UNIVERSITÉ DE BERNE

BERNE

SCHMID ET FRANCKE

—

1889

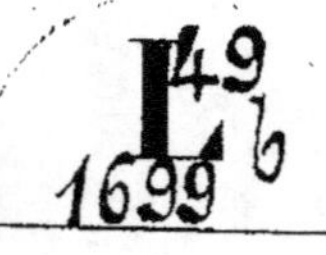

LE
JÉSUITISME POLITIQUE

ET

LE COMTE DE MONTLOSIER

EN 1826

par

E. MICHAUD

PROFESSEUR A L'UNIVERSITÉ DE BERNE

BERNE

SCHMID ET FRANCKE

—

1889

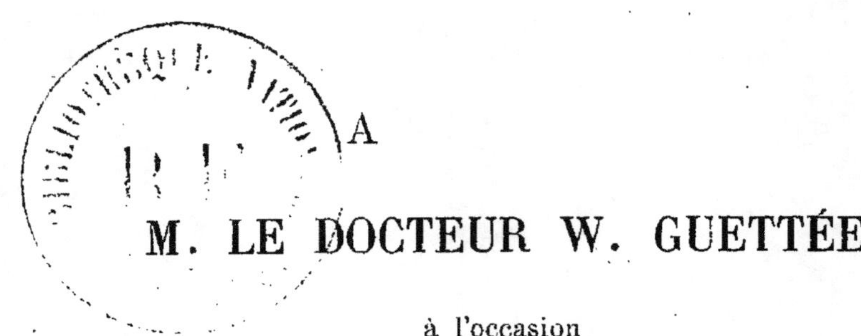

A

M. LE DOCTEUR W. GUETTÉE

à l'occasion

DE SON JUBILÉ SACERDOTAL

Hommage de mon profond respect

E. MICHAUD.

LE JÉSUITISME POLITIQUE

ET LE COMTE DE MONTLOSIER EN 1826

I

Des arrêts de divers parlements prononcèrent la suppression de l'ordre des jésuites, notamment l'arrêt du Parlement de Paris, du 6 août 1762. Depuis cette époque, les édits des 18 novembre 1764 et 13 mai 1777, ainsi que la déclaration du 7 juin de la même année, décrétèrent son abolition perpétuelle. En outre, une loi du mois d'août 1792 prononça généralement l'abolition de toutes les congrégations séculières et ecclésiastiques (1).

Pendant la tempête révolutionnaire et notamment pendant la Terreur, les jésuites se tinrent habilement dans l'ombre et la retraite. Ils n'essayèrent pas alors de ressusciter leur ordre. C'était, paraît-il, le temps d'être très prudent.

Il en fut autrement lorsque le péril fut passé. Voici comment l'évêque d'Hermopolis, M. de Frayssinous, a raconté leur rétablissement en France, dans son discours à la Chambre des députés, le 26 mai 1826 :

« En 1800, il y eut deux ou trois prêtres qui pensèrent réellement au rétablissement des jésuites. Ils vinrent en France et commencèrent par exercer leur

---

(1) Voir Montlosier, *Dénonciation aux cours royales*, p. 269.

ministère dans quelques hospices de Paris. Bientôt on jugea à propos de leur confier une maison d'éducation. Je crois que la première fut à Lyon ; ils s'étendirent peu à peu. Bonaparte s'en défiait ; mais quand on lui en parla, il répondit : « Laissez-les aller en avant ; la suite montrera de quelle utilité ils peuvent nous être ». En 1804, je ne sais quelle colère s'empara de lui ; il rendit un décret (1) pour supprimer toutes leurs maisons.

« Ce décret, parti cependant d'une main si puissante, ne fut pas exécuté. Des réclamations s'élevèrent de toutes parts (?) ; on remontra que c'étaient des hommes paisibles (?) et pleins d'une rare capacité pour l'éducation de la jeunesse. Le courroux de Bonaparte s'apaisa. Le cardinal Fesch les lui demanda même pour les établir dans son diocèse ; ils continuèrent leurs fonctions d'instituteurs et demeurèrent ainsi, durant trois années encore, dans les différentes maisons où ils étaient établis ; mais tout à coup Bonaparte crut devoir ne plus leur permettre d'enseigner ; et cette fois, sans qu'aucun décret eût été rendu, ils furent avertis de se séparer, et se séparèrent en effet. A la Restauration, ils accèdent aux vœux de quelques évêques qui les appellent. Tel a été l'état des choses. »

Dans ce récit, Frayssinous a été trop discret en ce qui concerne la Restauration. Il n'a pas dit quelles faveurs le gouvernement de Louis XVIII leur avait accordées. Il n'a pas dit non plus quels avantages ils avaient trouvés dans la protection que le gouvernement de Charles X étendit d'abord sur eux. Mais le comte de Montlosier a comblé cette lacune. Il a reproché à Louis XVIII d'avoir, dès son avènement

---

(1) Le décret du 3 messidor an XII dissout spécialement la société dite de Jésus, établie à Amiens, à Bellëy et autres villes, sous le nom des *Pères de la foi, Pacanaristes*, et sous quelque dénomination que ce soit ; et il prescrit l'exécution des lois sur la suppression des ordres religieux, avec injonction aux procureurs-généraux de poursuivre à l'extraordinaire les contrevenants.

au trône, trop cédé à l'influence du clergé ; d'avoir permis à celui-ci d'élever des prétentions qui n'eussent pas été permises sous Napoléon ; d'avoir favorisé à la cour et ailleurs, d'avoir laissé prévaloir « un système de jésuites, de frères et de missionnaires », et d'avoir ainsi « alarmé » beaucoup d'excellents Français. « D'autres nuées étant venues s'ajouter à ces nuées, continue Montlosier, cet ensemble fut facilement aperçu de l'île d'Elbe. Bonaparte n'eut qu'à entrer dans une tempête toute préparée ; elle éclata sûrement contre les nobles, elle éclata encore plus contre les prêtres. La Révolution fut de nouveau victorieuse, la légitimité de nouveau vaincue (1). »

Ainsi, ce qui provoqua la chute de Louis XVIII le 20 mars 1815 et ce qui rendit possible le retour de Napoléon, ce fut en grande partie le cléricalisme et le jésuitisme du gouvernement de Louis XVIII (2). Il semblait donc que ce prince, rétabli sur son trône après la chute définitive de Napoléon, eût dû profiter de la faute qu'il avait commise pendant la première Restauration. Il n'en fut rien. Il recommença les mêmes errements et même il les aggrava. Voici les propres expressions de Montlosier :

« Le monde étonné vit la France, pour prix de ses triomphes sur le jacobinisme et le despotisme, recueillir l'ultramontanisme et les jésuites ; c'est-à-dire, au lieu de l'élévation du trône et de la société, la domination des prêtres et tous les éléments de la théocratie. Malgré le respect que j'ai pour la mémoire de Louis XVIII, je n'hésite pas à accuser ici sa faiblesse. En même temps qu'avec sa charte il était parvenu à abattre une multitude de prétentions surannées, si du côté religieux il avait su abattre de même les prétentions du clergé, il eût assuré le repos de la France. Point du tout ; après nous avoir délivrés des intempé-

(1) *Ouvr. cité*, p. 144. — (2) Cf., p. 176.

rances politiques de Londres et de Coblentz, il regarda comme une merveille de nous livrer à celles des prêtres. A la première Restauration, il avait débuté par des missions et des processions; il débuta de même à la seconde. Il crut de cette manière donner un appui à l'autorité royale ; il ne pouvait rien faire de mieux pour la compromettre (1) ».

Sous Charles X, tout d'abord, le mal empira, et, selon de Montlosier, « passa toute limite (2) ». Il crut « faire un grand effet sur le public avec ses démonstrations de missions et de processions (3) ». A l'exemple de la noblesse, son appui naturel, il « agita les sentiments pieux, moins dans les intérêts de la piété que dans ceux de sa cause ». M. de Montlosier ajoute avec malice : « On voit quelquefois des maris jaloux parler de religion à leurs femmes, et les exhorter à la fréquentation des sacrements, dans un intérêt facile à deviner. Quand la légitimité, qui se croit entourée d'ennemis, prêche pour la religion et pour la messe, il est évident pour tout le monde que c'est dans les intérêts de la légitimité (4) ».

Sous Louis XVIII, l'autorité du clergé ne se présentait que comme instrument à l'appui de l'autorité du roi ; tandis que, sous Charles X, ce fut l'autorité du roi qui se présenta comme instrument dans les mains du clergé (5). Non seulement le gouvernement de Charles X fut soumis au clergé, mais il y eut, de sa part, « un commencement d'asservissement politique, » et la majesté royale fut « atteinte (6). » Le clergé, se sentant maître de la situation, multiplia ses manifestations publiques ; à l'exemple de Bonaparte, qui, pour appuyer ses envahissements, avait déployé ses troupes et fait étalage de ses bataillons, le clergé, poussé par les jésuites, déploya, comme puissance rivale, ses milices en chasubles et en surplis, avec

(1-2) P. 152. — (3-4) P. 153. — (5) P. 154. — (6) P. 159.

grand bruit de fanfares dites religieuses (1). Processions de tout genre, missions de toute sorte, cérémonies tapageuses, rien ne manqua. En permettant tout cela, le gouvernement se montra « *niais* ». Ce qualificatif est de M. de Montlosier lui-même (2), qui ajoute que le cléricalisme, sous Louis XVIII, n'était que menaçant, tandis que, sous Charles X, il s'accrut au point de causer l'irritation ou l'épouvante (3).

Le principal coupable fut l'évêque Frayssinous, qui, comme ministre des affaires ecclésiastiques et de l'instruction publique, aurait dû défendre les droits de l'Etat, mais qui, au contraire, se prévalut de sa charge pour autoriser et favoriser les empiètements du parti ultramontain, clérical et jésuitique. A cette époque déjà, ces trois expressions : *ultramontain, clérical, jésuitique*, étaient synonymes ; elles désignaient le même parti. Les chefs de ce parti essayaient de les donner aussi comme synonymes de *catholique* ; mais la synonymie était repoussée par les gallicans, qui, tout modérés et tout dégénérés qu'ils étaient à cette époque, voulaient néanmoins être catholiques, sans être ni ultramontains, ni cléricaux, ni jésuitiques.

Frayssinous était un de ces gallicans, mais timide à l'excès. Il aurait désiré sauver le gallicanisme de 1682, mais il ne l'osait pas ; il n'avait pas la force de le vouloir. A l'exemple de Bossuet, qui, pour éviter un schisme avec Rome, transigea en 1682 et laissa l'ultramontanisme faire de nouveaux envahissements dans l'Eglise gallicane, il transigea, lui aussi ; il eut peur de la lutte, et, pour s'exempter de la peine de combattre, il s'exempta de la peine de résister. Pendant que ses mains débiles et tremblantes arboraient encore par tradition le drapeau des Quatre Articles de 1682, il donnait à entendre aux ultramontains qu'il ne tenait qu'au premier de ces Quatre Articles, où les droits de l'Etat sont affirmés, mais qu'au fond il leur livrait à peu près les trois autres, où la puissance du pape est exagérée. Il va sans dire qu'il décorait cette lâcheté et cette trahison du nom de tolérance (1).

Quoi qu'il en soit, deux aveux de sa part sont bons à noter et à retenir. D'abord, il a maintenu ce point de l'ancienne doctrine : que les doctrines ultramontaines, enseignées à Rome, étaient étudiées en France, non pour les adopter, mais pour apprendre *à les combattre* (2) ; que, même encore en 1826, il n'y avait pas un seul séminaire en France où l'on professât des maximes contraires à la Déclaration de 1682; qu'encore à cette date les maximes dites gallicanes étaient « des opinions parfaitement libres et devant nous être d'autant plus chères qu'elles nous ont été transmises par nos pères (3) ». Le second aveu auquel j'ai fait allusion est celui-ci : que le Concordat de 1801 a été, de la part du pape, « l'effet d'une dictature, une violation complète de toutes nos maximes et de tous nos usages ; » ce qui n'empêcha pas Frayssinous de l'admirer comme un chef-d'œuvre de sagesse et le seul moyen de ressusciter l'Eglise de France (4) ! Cette contradiction de Frayssinous n'est-elle pas flagrante et criante ? Et quel démenti les faits n'ont-ils pas infligé à cette prétendue résurrection de l'Eglise de France, Eglise qui était certainement plus vivante avant le Concordat qu'après, comme les récents documents publiés sur ce point, le démontrent avec évidence.

Il n'était donc pas encore question, à cette époque, du dogme de l'infaillibilité papale. Les ultramontains se bornaient à le préparer seulement, et à le tenir comme en réserve (5), pendant que les gallicans le combattaient. Il est donc historiquement évident que

<hr>

(1) P. 318. — (2) P. 315. — (3) P. 318. — (4) P. 316. — (5) P. 282.

l'Eglise romaine et toutes celles qui lui sont soumises, ont altéré le dogme catholique en 1870, en proclamant dogme ce qui n'était qu'opinion ; opinion tolérée, disait Frayssinous ; opinion erronée, nuisible à l'Eglise, à la religion et à l'Etat, intolérable, disait Montlosier. Montlosier considérait la Déclaration de 1682 non comme un article de foi religieuse, mais comme un dogme politique de premier ordre, commandé par toute la Constitution de l'Etat (1). Il n'admettait pas que les trois derniers articles de cette Déclaration ne fussent que des articles théologiques, comme le prétendait Frayssinous. « Nos ancêtres, disait-il, ont regardé les Quatre Articles comme tellement liés, et principalement les articles concernant les limites de l'autorité pontificale tellement connexes avec l'indépendance de l'autorité de l'Etat, que le moindre essai d'atteinte à l'ensemble de la Déclaration leur eût paru un crime de félonie et de lèse-majesté (2) ».

Montlosier reprochait aux ministres, collègues de Frayssinous, de laisser le cours d'eau ultramontain dépasser et renverser la barrière qu'on lui avait faite ; il leur reprochait de jouer non seulement le ministère, mais encore l'Etat et la monarchie (3) ; il reprochait en particulier à Frayssinous d' « adorer » les jésuites (4).

C'est grâce à cette protection et à ces faveurs que ceux-ci remportèrent succès sur succès. En mai 1826, ils dirigeaient sept petits séminaires (5) ; ils possédaient l'établissement de Montrouge, dans la banlieue de Paris (6) ; ils étaient ouvertement patronnés par un certain nombre d'évêques, qui faisaient officiellement leur éloge dans des mandements. On peut citer, entre autres : le mandement de l'archevêque de Besançon, du 25 janvier 1826, où la destruction de l'ordre des jésuites était représentée comme l'œuvre de l'impiété et de la philosophie; le mandement de l'évêque de Meaux, de février 1826; celui de l'évêque de Strasbourg, de la même époque; celui de l'évêque de Belley, plus louangeur encore que les précédents; celui de l'archevêque de Toulouse, où les arrêts de la cour royale, au sujet du *Constitutionnel* et du *Courrier* étaient injurieusement rappelés; trois discours de l'évêque d'Hermopolis, dans lesquels l'établissement des congrégations était loué, et celui des jésuites justifié (1). Et surtout, dans les grands séminaires, l'esprit jésuitique pénétrait de plus en plus.

(1) P. 272 et 280.

II

C'est alors que se leva François-Dominique de Rey-
naud, comte de Montlosier, pour protester et pour
signaler le péril.

Il importe de remarquer que ce membre de la
noblesse était un ardent royaliste et l'une des gloires
du parti conservateur. Mais il était intelligent ; ni son
royalisme, ni son conservatisme, ne l'aveuglaient sur
les fautes de son propre parti. Il se rendait un compte
exact de la situation politique et religieuse de son
pays, et il aimait mieux crier au feu que de l'allumer
ou de le laisser allumer. Il trouvait plus honnête
d'éclairer et d'avertir, que de flatter et de courtiser.
Homme de caractère et de courage, il se prévalait de
saint Jérôme, qui avait dit : « L'œuvre que j'entre-
prends est une œuvre périlleuse, qui va m'exposer
aux aboiements de mes détracteurs (1)... Je corrige
les vices, et on m'appelle faussaire ; j'extirpe les
erreurs, et on m'accuse de les semer (2)... Que l'hydre
donc continue à siffler, que Simon jette partout des
incendies, jamais, avec l'aide de Dieu, ma langue ne
cessera de prononcer les vérités qui sont dans ma

(1) P. 3. — (2) P. 25.

conscience; coupée, elle les balbutiera encore (1) ».

Le comte de Montlosier était profondément religieux et catholique. Lorsque son devoir lui attirait des avanies et des souffrances de toutes sortes, il se rappelait que tout n'est pas douleur dans la douleur du chrétien, et il aimait à répéter avec saint Paul qu'il est doux de souffrir l'humiliation, *dulce est contumeliam pati* (2). Il tenait à honneur de proclamer son respect et son amour « pour la religion, pour la patrie et pour le prince ». « Ces trois intérêts, disait-il, seront toujours présents à nos cœurs et à nos esprits (3) ». Lorsque les prêtres furent injustement persécutés pendant la Terreur, il prit leur défense. Mais lorsque de persécutés ils voulurent devenir à leur tour persécuteurs, alors il se retourna contre eux (4), sans diminuer en rien sa vénération pour le sacerdoce (5).

Il poussa l'urbanité et la charité jusqu'à n'attaquer jamais les intentions de ses adversaires, et jusqu'à déclarer que les prêtres qu'il combattait étaient des saints, mais des saints, ajoutait-il, coupables de conspirations toutes nouvelles (6); des saints, nous menant, avec les intentions les plus pieuses et rapidement, à des catastrophes, qui me font frémir et que j'ai à peine le courage de désigner (7); des saints, ayant le zèle de Dieu, mais non selon la science (8). Il les combattait par conscience et par devoir à cause de leurs actes, mais il aimait leurs personnes et il leur offrait même généreusement l'hospitalité dans ses propriétés. « Oh! si jamais, leur disait-il, votre destinée vous amène dans cette montagne sujette aux orages, et éloignée de toute habitation, ne craignez pas d'aborder mes bâtiments rustiques et de venir rompre avec moi... non pas des lances, mais le pain de l'hospitalité! Soyez sûrs que vous y trouverez non

(1) P. 67. — (2) P. 50. — (3) P. ix. — (4) P. xviii. — (5) P. 18. —
(6) P. xxv. — (7) P. 2. — (8) P. 35.

seulement abri et asile, mais que mon fils et toute ma tribu iront au devant de vous, vous offrir leur respect. A cet égard, que ma nouvelle pauvreté ne vous effraie pas trop ; j'ai du pain noir en abondance, et mes troupeaux donnent du lait excellent (1) ».

Telles furent la bonté, la charité, la piété du comte de Montlosier. Il savait rendre le bien pour le mal. Après avoir été député de la noblesse d'Auvergne aux Etats-Généraux de 1789, et après avoir été attaché pendant vingt-cinq ans au ministère des affaires étrangères, il se vit congédié de cette place, simplement pour avoir averti le roi et le gouvernement des fautes qu'ils commettaient et des périls qui les menaçaient (2). Congédié, il leur fut encore plus dévoué qu'auparavant (3). De même, après avoir défendu le clergé pendant les jours mauvais, il fut injurié, en pleine cathédrale, par l'évêque de Clermont, qui, dans une instruction imprimée et publique, le traita de faux prophète, de blasphémateur, d'impie, etc. (4). Vous avez entendu de quelle manière et en quels termes nobles et touchants Montlosier lui a répondu. Toute l'impiété de Montlosier, c'était, comme il le disait lui-même, de rappeler que le caractère de prêtre doit être un caractère d'humilité et non de domination ; c'était de rappeler qu'il est un genre de démons qui ne se chassent pas par l'appareil ambitieux des missions et des processions, encore moins par un appareil de menaces ou par une invocation faite au glaive : car il est écrit, pour les choses de Dieu, que celui qui se sert du glaive périra par le glaive (5).

Donc, loin d'être suspect dans ses attaques contre le cléricalisme et contre le jésuitisme, Montlosier doit être tenu pour un homme profondément religieux. Loin d'avoir été un révolutionnaire, toujours facile à déconsidérer, il fut un conservateur et un aristocrate.

(1) P. 33 et 35. — (2) P. 276 et 11. — (3) P. 12-15. — (4) P. 44-45. — (5) P. 27-28.

Loin d'avoir été un réformateur religieux, toujours facile à critiquer, il fut un gallican, timidement attaché au gallicanisme déjà bien ultramontanisé de 1682. Ses attaques contre le parti jésuitique doivent donc être d'autant plus prises en considération par les conservateurs et les orthodoxes d'aujourd'hui, puisqu'il fut un des leurs. D'ailleurs, comme nous le verrons, les événements lui ont donné raison ; s'il fut un prophète de malheurs, il fut un prophète perspicace et exact, en même temps qu'un critique judicieux et intrépide.

Ecoutons, en effet, ses griefs et ses enseignements.

Il les a consignés dans deux ouvrages : l'un, intitulé : *Mémoire à consulter sur le système religieux et politique, tendant à renverser la religion, la société et le trône ;* ouvrage publié en 1825, et qui obtint sept éditions en deux mois ; — l'autre, intitulé : *Dénonciation aux cours royales, relativement au système religieux et politique, signalé dans le Mémoire à consulter ;* ouvrage publié en 1826. En 1826, Montlosier avait soixante-et-onze ans.

Ce vénérable et intrépide vieillard signala « les quatre grands *fléaux* », — ce sont ses expressions, — des congrégations, des jésuites, de l'ultramontanisme et du cléricalisme (1). Il voyait dans ces quatre fléaux « une *véritable conspiration*, dirigée contre la religion, contre la société, contre le trône » (2). Pour lui, le trône n'était pas seulement le monarque, mais aussi l'Etat et le gouvernement. Il considérait les jésuites comme une milice non seulement religieuse, mais aussi *politique*. Et, en cela, il ne faisait que répéter les propres termes employés par de Bonald, qui était cependant un ami et un défenseur des jésuites. « Qu'il me soit permis, disait Montlosier, d'envoyer l'aveu de M. de Bonald à l'adresse de tous

(1) P. v, 276-277. — (2) P. 1.

ceux qui prétendent que les établissements actuels de jésuites et leur congrégation n'ont rien de politique » (1). Et encore : « M. de Bonald se plaint qu'un parti redoute plus de voir revenir les jésuites en France, qu'il ne redouterait de revoir les Cosaques au milieu de Paris. *Je suis de ce parti.* Si cent mille Cosaques campaient dans la plaine de Grenelle ou dans celle des Sablons, on saurait comment les aborder ou les attaquer ; mais un fléau moral, qui s'insinue *comme un poison* dans les veines du corps politique, et qui, pour échapper aux recherches, prend toutes les allures et toutes les formes ; des hommes habiles à se couvrir du manteau des rois, en attendant qu'ils puissent *les asservir ou les assassiner ;* comment attaquer de tels hommes ? Comment attaquer une milice tout à la fois religieuse *et politique*, et qui, à ce double titre, sait se faire un rempart de l'autel et du trône » (2) ?

Le cléricalisme jésuitique ne pouvait triompher en Europe, selon Montlosier, qu'en la faisant rétrograder jusqu'au neuvième ou au dixième siècle. Eh bien ! non, disait-il, « ce dénouement n'aura pas lieu. Comme, dans sa marche, la puissance nouvelle *tend à détruire la religion*, tout en prétendant la servir ; *la royauté,* tout en prétendant la préserver ; *la société*, tout en prétendant la consolider ; des oppositions très fortes ne peuvent manquer de s'élever de la part des hommes religieux et royalistes, aussitôt qu'ils apercevront le danger » (3).

« Si la religion *catholique* s'appelle ainsi parce qu'elle est universelle, l'expulsion des jésuites peut prendre la même dénomination : car elle a été de tous les lieux et de tous les pays. Le *Journal des Débats* a fort bien remarqué que l'apologie des jésuites ne peut se faire que par la satire de tous les peuples, de tous les magistrats et de tous les rois » (4).

(1) P. xxxi. — (2) P. xxxi-xxxii. — (3) P. 129. — (4) P. xxxiii.

Lorsque les gouvernements ont expulsé les jésuites, ils ont sans aucun doute voulu protéger la religion, dont le jésuitisme leur paraissait la corruption ; mais ils ont aussi et surtout voulu se protéger eux-mêmes, le jésuitisme leur paraissant une société politique, essentiellement subversive, inconciliable avec l'ordre social et la paix publique.

Aussi, lorsque les jésuites ont voulu reprendre pied en France et ailleurs, se sont-ils habilement efforcés de se faire passer pour une société essentiellement religieuse, étrangère à toute politique.

Or, c'est ce masque que Montlosier a voulu leur arracher. Il s'est efforcé de les montrer tels qu'ils étaient et tels qu'ils sont essentiellement, à savoir : « la plus formidable des armées introduite à petit bruit dans l'ordre politique et moral » (1).

Dans sa *Dénonciation aux cours royales*, il a un chapitre spécial, intitulé : *De l'existence des faits* (2), chapitre extrêmement curieux, où il montre, avec une évidence palpable, éclatante, irréfutable : 1° comment les jésuites sont une société *politique*, et 2° combien, à ce point de vue, ils sont *dangereux* aux Etats et à la société.

L'évêque Frayssinous, lorsqu'il a essayé de défendre les jésuites à la Chambre, a bien avoué qu'en 1798 ou 1799 il s'était fondé à Paris une société, que l'abbé Legris-Duval avait dirigée jusqu'à sa mort, en 1819, et qu'elle s'était maintenue depuis ; mais il a prétendu en même temps que cette société était *toute religieuse* et nullement politique. Frayssinous a ajouté la déclaration suivante : « On prétend que, dans les jours qui ont précédé ou suivi la Restauration, il se forma une association *politique*, pour préparer, favoriser le retour si désiré des Bourbons, et élever autour de leur trône un rempart de dévouement et de fidélité ;

(1) P. 193. — (2) III° partie, ch. I°r ; p. 216-223.

mais je n'en ai jamais connu assez ni l'esprit, ni les moyens, pour avoir le droit de vous en entretenir. J'ignore complètement ce qu'elle est devenue. Ce que je puis dire avec vérité, c'est qu'on ne doit nullement la confondre avec celle dont je prends la défense » (1).

Remarquez cette tactique de Frayssinous : d'une part, il avoue qu'il ne connaît pas assez l'association politique en question, pour pouvoir en parler exactement ; et, d'autre part, il assure que cette association n'a rien de commun avec l'association religieuse de l'abbé Legris-Duval, laquelle était entièrement ouverte aux *Pères de la Foi* et aux *Paccanaristes*, c'est-à-dire aux nouveaux jésuites.

Or, c'est précisément ce que Montlosier a réfuté.

Montlosier mentionne la Congrégation des missionnaires de France, la Congrégation de la propagation de la foi, et la Congrégation de Saint-Joseph. Cette dernière avait pour but « de discipliner tous les ouvriers du royaume, et, de proche en proche, jusqu'aux domestiques et aux marchands de vins » (2).

Montlosier affirme ensuite que toutes ces congrégations avaient pour but « de mettre la France sous la domination du clergé », ce que Frayssinous a naturellement cherché à dissimuler (3).

Montlosier déclare expressément que l'association religieuse jésuitique de l'abbé Legris-Duval, et l'association politique dont Frayssinous a reconnu l'existence, étaient unies entre elles, la seconde n'étant qu'une annexe politique de la première. Voici ses propres expressions :

« Un trait particulier va mettre cette vérité en évidence, et il est avoué par M. d'Hermopolis : c'est que M. le duc Mathieu de Montmorency était membre de la congrégation religieuse. Or, il est à ma connaissance que le même personnage était *membre de la congrégation politique*; ce que je suis en état de prouver : 1° parce qu'il était membre du Conseil des Sept, établi auprès de l'héritier de la couronne, à la décadence de Louis XVIII; le dit Conseil ayant une correspondance active dans la capitale, ainsi que dans les principales villes du royaume ; parce qu'il était le premier ou au moins le second inscrit sur la liste des congréganistes politiques, liste envoyée par l'agent secret de la Sainte-Alliance aux principales cours du royaume, et qui existe encore aujourd'hui en original aux chancelleries de Vienne, de Pétersbourg et de Berlin » (1).

Puis, Montlosier affirme qu'il y a des « combinaisons *politiques* qui préparent ou accompagnent les missions en France; » que, dans un grand nombre de provinces, ces missions ont été suivies d'une organisation congréganiste, distribuée en divers cadres avec des offices et une hiérarchie particulière. Il cite en particulier la mission de Limoges, et il en appelle à l'abbé Fayet lui-même.

Il ajoute : « Pour ce qui est de l'association de la propagation de la foi, celle de Saint-Joseph, de la Société des bons livres, de celles des marchands de vins et du placement des domestiques, M. Frayssinous contesterait-il que les chefs de ces diverses associations sont en même temps membres de la congrégation religieuse et de la congrégation politique? A la suite des diverses réunions, à l'effet de traiter l'objet patent et ostensible, M. Frayssinous contesterait-il qu'il y a, notamment dans la rue du Bac et dans les combles de l'édifice, des comités destinés à traiter, entre un petit nombre d'élus, des objets particuliers?... M. d'Hermopolis adorant les bons pères jésuites, il est bien étonnant que ceux-ci ne lui aient pas révélé le plus grand et le plus important de leurs secrets : ce

(1) P. 220.

secret est le *serment d'obéissance passive* qu'ils demandaient, et qu'ils recevaient pendant les Cent jours, pour entrer dans leur milice *politique* ; c'est ce que je sais positivement, et de ceux qui ont prêté ce serment, et de ceux qui l'ont refusé.

« Ce que je sais aussi positivement, c'est que, dans quelques-unes de ces combinaisons, il a été agité de s'engager *sous peine de mort*. Si ces propositions ont été adoptées, dans quel lieu elles l'ont été, je l'ignore ; mais je suis sûr qu'elles ont été faites.

« Après avoir été à Rhodez, après avoir suivi attentivement la procédure Fualdès, après avoir conféré à cet égard avec des hommes habiles, je ne doute pas que cet assassinat, dans lequel sont intervenus des mouvements particuliers de cupidité, étrangers à beaucoup d'acteurs, n'ait été déterminé au fond *par un engagement de ce genre* (1). »

Certes, la gravité de cette accusation n'échappera à personne. Dès qu'on est en présence d'un engagement *sous peine de mort,* on atteint la dernière limite du solennel. Vous remarquerez que le jugement porté par Montlosier sur l'assassinat de Fualdès, n'est pas un jugement qui lui soit particulier ; il ne l'a formulé qu'après en avoir conféré, dit-il, avec des hommes habiles.

—————

(1) P. 222-223.

III

Mais Montlosier ne s'est pas borné à ces griefs contre les jésuites ; il en a formulé d'autres contre Rome et contre le clergé.

Il a été bref contre Rome, mais bref d'une brièveté terrible. Il a répété, d'après le cardinal Pallavicini, que « l'unique règle du gouvernement politique de l'Eglise est sa félicité selon la chair, en ce monde et en l'autre, sous l'autorité toute-puissante d'un roi, seul monarque de tout l'univers, qui est le pape, dont tous les rois et les chrétiens sont les tributaires et les sujets, dont le patrimoine est composé des richesses de toutes les nations (1) ».

En outre, M. d'Hermopolis ayant déclaré que l'autorité spirituelle a le droit de statuer sur la règle des mœurs, Montlosier s'est indigné de cette déclaration ; et il a réclamé pour la puissance civile le droit de statuer sur cette même règle des mœurs, ainsi que sur les jeûnes, les fêtes chômables, l'abus des rites, etc. (2).

Entraîné par le courant ultramontain et jésuitique, le clergé, même gallican, s'était rendu gravement

(1) P. 56. — (2) P. 253-254.

coupable. Montlosier lui a reproché de lancer à ses adversaires l'injure et le venin, et de manquer ainsi en même temps de politesse et de charité (1); de se laisser aller à l'orgueil, à l'ambition, à l'amour exagéré de lui-même et de la domination (2); d'entretenir des prétentions politiques désordonnées; de prétendre que le roi doit mettre sa puissance à sa disposition, et que cette puissance a été donnée au roi moins pour le gouvernement des choses du monde, que pour l'exécution des lois de l'Église (3); de prétendre, avec saint François de Sales, que tout chrétien doit écouter son directeur spirituel « comme un ange qui descend du ciel pour le mener (4) »; de manquer d'humilité, d'oublier que le prêtre n'est que le serviteur du chrétien, et non le maître; de vouloir être précisément, et à tout prix, le maître des fidèles. « On dirait, ajoute Montlosier, que peu importe au clergé de mettre tout un pays en feu; et vite, et vite, que les missions marchent, et avec elles de l'artillerie et des gendarmes (5) ».

En adressant ces reproches au clergé, Montlosier était loin d'être seul. C'était l'opinion à peu près générale. Frayssinous lui-même l'a reconnu, lorsqu'en pleine Chambre, à la séance du 25 mai 1826, il a dit : « On accuse le clergé d'abord d'un esprit très persévérant de domination, qui tend à tout envahir, et à soumettre le temporel au spirituel. On l'accuse encore d'un esprit d'ultramontanisme, d'un penchant très vif pour des opinions étrangères et peu conciliables avec les libertés de l'Eglise gallicane (6)... On s'imagine qu'il existe une congrégation qui est comme une espèce de filet étendu sur toute la France; qu'elle pénètre et domine partout; qu'elle distribue tous les emplois, assiège les dépositaires du pouvoir et les con-

---

(1) P. 29-32. — (2) P. 183-185. — (3) P. 58. — (4) P. 165. — (5) P. 209-210. — (6) P. 290.

seillers de la couronne; qu'elle préside enfin à nos destinées (1) ».

Ces paroles, prononcées à la tribune même, par le ministre des affaires ecclésiastiques, montrent combien l'opinion publique était exaspérée.

Ce n'est pas tout. Montlosier reprocha au clergé, ainsi qu'au pape, de se lancer dans des entreprises de tout genre, qui troublaient l'Europe (2). Il lui reprocha de vouloir « *défaire la société* », et, dans ce but, de commencer par un déluge de missions et de processions, de s'emparer ensuite de l'éducation, de mettre le prêtre de tout et partout. « C'est la partie du plan qui est à découvert, dit-il. Il s'y ajoute une partie secrète et souterraine; ce sont des multitudes de congrégations et d'affiliations, soutenues par un corps de réserve de jésuites, qu'on jette comme un réseau sur toute la France, à l'effet de l'envelopper et de la faire entrer ensuite, comme dit Bossuet, *malgré qu'elle en ait*, dans les moules nouveaux, préparés pour la domination du prêtre (3) ».

Montlosier s'est élevé très énergiquement contre les missions dites religieuses. Il n'y a vu qu'un moyen de troubler les familles, de bouleverser le pays et l'Eglise, et d'ameuter les fanatiques de la vie dévote contre les chrétiens tranquilles, qui n'ont aucun goût pour ces pratiques. « Il ne faut donc pas dire, a-t-il écrit, que ceux qui appellent dans une ville tranquille la fanfare des missions et le bouleversement qui les accompagne, usent d'un droit religieux... Tout cela n'est inventé que pour élever au pinacle, pour le triomphe de quelques congréganistes, je ne dirai pas la dévotion à Dieu, mais la dévotion aux prêtres... Il faut que, selon le plaisir de ces faiseurs, d'un moment à l'autre, toute une ville soit mise en rumeur, saisie par je ne sais quel ouragan de dévotion qui arrive subitement,

_____

(1) P. 297. — (2) P. 81. — (3) P. 251.

soufflé par la première tête ardente qui s'en est gon-
flée (1) ».

Quelques pages plus loin, Montlosier emploie des
expressions plus énergiques encore, pour flétrir ces
exercices publics de piété tapageuse, inventés, selon
lui, non par la vraie religion, mais par ce cléricalisme
qui ne vit que de bruit, d'ambition et d'exploita-
tion (2). Il reproche au clergé de surcharger la vie
chrétienne d'une multitude de rites, bons tout au plus
pour les moines ; de terroriser les âmes pour les
exploiter, et d'altérer ainsi le christianisme, qui est
une religion d'amour et non de terreur (3). Ici, Montlosier mérite d'être cité textuellement, tant son lan-
gage offre d'actualité et représente exactement ce qui
se passe de nos jours.

« Une multitude de bonnes âmes, dit-il, terrifiées
par eux (quelques-unes jusqu'à la folie), remplissent
les sociétés de je ne sais quelle peur de Dieu, que les
prêtres appellent salutaire, et qui pourtant ne tour-
nera le plus souvent qu'à la haine, ou à la dérision
des choses religieuses. Tandis que les uns se courbent
et se laissent aplatir sous la meule qu'on leur impose,
les autres se redressent, s'indignent ; quelquefois leur
indignation les égare (4). »

Bref, il y a péril aujourd'hui, comme il y a eu péril
autrefois. Autrefois, le péril a été manifeste sous
Louis-le-Débonnaire et Charles-le-Chauve, sous Phi-
lippe-le-Bel, Henri IV, Louis XIV, sans oublier ni
l'Angleterre, ni l'Allemagne, dont les rois et les empe-
reurs ont aussi connu les inconvénients de la suprématie des papes (5). Aujourd'hui, le péril est plus
manifeste encore. Autant la société doit protéger le
clergé lorsqu'il est injustement attaqué, autant elle
doit sa protection aux citoyens dans l'observance du

(1) P. XLIII-XLIV. — (2) P. XLVII-XLVIII. — (3) P. 200. — (4) P. 201-202.
— (5) P. 257.

culte, contre la déraison ou l'exaltation de certains prêtres. « J'ai sous ma main, dit Montlosier, une liasse de cinq cents faits, plus singuliers et plus ridicules les uns que les autres, qui sont autant d'attentats, de la part des prêtres d'un ordre inférieur, contre la tranquillité des citoyens : attentats qui se renouvellent sans cesse, et qui, à moins que la sagesse des magistrats n'y mette ordre, continueront à se perpétuer et à se multiplier, jusqu'à ce qu'ils produisent enfin une explosion (1) ».

Péril pour la religion, péril pour le pays et pour l'Etat.

Péril pour la religion : car le cléricalisme fait les athées. « On m'a reproché, dit Montlosier, d'avoir parlé des athées faits par les prêtres : les Diderot et les d'Holbach n'ont jamais été d'aussi habiles apôtres d'athéisme que certains bons prêtres d'aujourd'hui (2) ». Ces bons prêtres ne voient que leurs rites, leurs exercices ; ils n'entendent que « le tocsin des missions », les prédications, les processions, les jubilés. Tout cela est très bon pour former un peuple de faux dévots, stupide, aplati, abruti, comme le fut celui du dixième et du onzième siècle ; un peuple de croisés, où l'on verrait des soldats impies, auxquels on serait obligé, comme au temps des croisades, de percer la langue avec un fer chaud, pour les empêcher de renier Dieu à tout instant (3). Voilà quel serait le peuple formé par le cléricalisme ; il a existé ; il existerait de nouveau, si on laissait faire le parti clérical. Telle était l'opinion formelle de Montlosier.

Péril pour le pays et pour l'Etat : car, « si le clergé, qui a toujours sur l'âme une influence immense, ne trouve pas dans l'exercice de son autorité des points continuels d'arrêt, ayant leurs principes dans les lois, dans les mœurs, dans la constitution de l'Etat, *il envahira tout et renversera tout* (4) ».

(1) P. 283. — (2) P. LXIV. — (3) P. 91 et 129. — (4) P. 81.

Dans un tel état de choses, avec un tel clergé, il est impossible que l'Etat puisse gouverner. Montlosier dit expressément : « Si l'Eglise française, oubliant l'autorité du grand roi, celle du grand Bossuet et les décisions de 1682, ne reconnaît plus d'une manière convenable la suprématie de l'autorité civile ; ou si, faisant semblant de la reconnaître, elle cherche, par des moyens jésuitiques, à en éluder l'effet ; si, en affectant de reconnaître le roi, comme la révolution reconnut l'existence de Dieu, elle ne s'explique pas sur l'ensemble de la déclaration de 1682, et se ménage dans le dogme de l'infaillibilité, qu'elle conserve et qu'elle couve en secret, des armes contre la puissance temporelle ; si le clergé inférieur, dans ses rapports avec les citoyens, continue, comme il fait aujourd'hui, à ne pas plus reconnaître la suprématie des lois que le haut clergé la suprématie royale ; si la doctrine certaine, mais souvent mal entendue, de la supériorité du spirituel sur le temporel, la doctrine toute captieuse des matières *mixtes*, qui semble n'avoir été inventée que pour faire intervenir le clergé dans toutes nos affaires, et par suite les décisions du pape, continue à être en faveur : avec tout cet ensemble *d'anarchie et de confusion*, tant qu'il se conservera, comment un ministère peut-il se flatter de gouverner la France (1) ? »

Sans doute, le gouvernement a ses gendarmes pour établir l'obéissance par la force, comme il a son clergé pour la faire entrer dans les âmes par la volonté, mais c'est là un procédé dangereux et mauvais, qui, au lieu de produire l'obéissance, finit par provoquer tôt ou tard la révolte (2). « Ce qu'on ne persuadera jamais au peuple français, dit Montlosier, c'est de subir bien doucement et bien tranquillement la domination des prêtres. Le peuple français peut

(1) P. 107-108. — (2) P. 167-168.

accepter tout de ses souverains, excepté une seule chose : la honte. Cela même explique le 20 mars 1815 (la fuite de Louis XVIII devant Napoléon revenant de l'île d'Elbe). Il a eu pour mobile moins la haine de l'ancien régime en soi, que la honte de le voir rétabli au profit de quelques nobles et de quelques prêtres (1) ».

De fait, grâce à son sens droit et à sa judicieuse perspicacité, Montlosier a été prophète. Il a pressenti l'irritation de toute la partie intelligente de la nation, et il a prophétisé, non seulement les progrès de l'irréligion se réalisant parallèlement avec les progrès de l'ultramontanisme et du jésuitisme, mais encore les progrès de l'opposition, soit contre le ministère, soit contre le roi. La réalité lui a donné raison. En janvier 1828, le ministère Villèle, mis en minorité, dut se retirer devant le ministère Martignac, qui dut, devant la pression de l'opinion publique, fermer les maisons des jésuites et expulser les bons Pères. Il est bon de noter que cette fermeture et cette expulsion se firent par Mgr Feutrier, évêque de Beauvais, alors ministre des affaires ecclésiastiques en remplacement de Mgr Frayssinous.

Puis, Charles X, aveuglé de nouveau par le parti ultra-conservateur et jésuitique, écarta, en août 1829, le ministère Martignac, et le remplaça par le ministère Polignac, lequel, plus clérical encore que le ministère Villèle, conduisit, en août 1830, le roi Charles X à la ruine. Charles X fut, en effet, obligé d'abdiquer et de s'enfuir.

Ces événements ont une éloquence qui dispense de tout commentaire, et qui, ce semble, devrait ouvrir les yeux à tous les hommes d'Etat, de tous les temps et de tous les pays.

(1) P. 175-176.

IV

Je ne saurais mieux terminer cette étude, qu'en appelant l'attention de tous les hommes clairvoyants sur les conseils que Montlosier a donnés lui-même. Si ces conseils eussent été suivis, les périls eussent été conjurés, et les réformes nécessaires, au lieu de s'opérer violemment et d'une manière toujours compromettante, se fussent opérées pacifiquement pour le bien de la France et pour la conciliation de tous les intérêts. Profitons de l'expérience d'autrui, et écoutons une dernière fois le sage Montlosier.

Il a adressé ses conseils au clergé, à l'Etat et au public.

D'abord, au clergé, il a conseillé de fuir tout contact avec les affaires politiques ; il lui a recommandé de bien s'appliquer à son ministère sacerdotal, et de s'en tenir là. « Si l'on veut faire renier Dieu d'un bout de la France à l'autre, a-t-il dit, on n'a qu'à nous montrer, au lieu de prêtres de l'ordre religieux, des prêtres de l'ordre civil (1) ». — « Non, nous ne voulons point obéir aux prêtres dans les choses civiles ; à cet égard, nous ne voulons avoir de rapports qu'avec nos lois et nos magistrats (2) ». Montlosier rappelle au

(1) P. 20. — (2) P. 154.

clergé que, du temps de Charlemagne et plus tard, l'autorité des conciles mêmes n'avait d'effet civil en France que par la sanction du prince, et que c'est d'après ce principe que le concile de Trente lui-même a été repoussé (1); à plus forte raison, les décrets et brefs des papes n'ont-ils pu être reçus en France qu'avec l'autorisation de l'Etat. « Ce sont des règles, dit-il, de préservation pour la société, pour le pouvoir, pour la religion, pour le clergé lui-même (2) ».

Avec un grand bon sens, Montlosier rappelle au clergé que c'est une mauvaise méthode de vouloir imposer trop d'exercices de piété, sous prétexte qu'il en restera davantage. « Non, dit-il, si vous imposez trop, il ne restera rien. J'ai vu une multitude de bons jeunes gens, bien bourrés de doctrines et de pratiques dévotes, les abandonner successivement au milieu du monde ; et comme à ces pratiques on avait, selon la coutume, attaché tous les sentiments de religion et de morale, le système une fois démantelé succombait en entier et périssait (3)... Nous avons aujourd'hui des fanfarons de dévotion et de piété. Il faut dire franchement les conséquences de cet état de choses. De cette manière, le dégoût de la dévotion se propage ; la religion qu'on a confondue avec elle, participe à ce discrédit. Le souverain qu'on voit protéger ce mouvement, perd, ainsi que la religion, quelque chose du respect et de l'affection des peuples. Un sentiment général, mêlé d'irritation et d'impatience, fait craindre partout des violences, et prochainement peut-être des catastrophes (4) ».

Montlosier était persuadé que l'immense majorité de la France était chrétienne, mais que son christianisme était celui de l'Evangile et de l'Eglise universelle, et non celui du jésuitisme et du cléricalisme (5).

« Prêtres, s'écriait-il, je n'ai jamais contesté vos

<hr>

(1) P. 155. — (2) P. 159. — (3) P. 204. — (4) P. 205. — (5) P. 20..

droits; je les ai, au contraire, défendus. J'ai contesté seulement votre ambition et vos prétentions. J'ai trouvé que vous vouliez très mal à propos vous rendre maîtres de la génération à venir par l'éducation; de la génération présente par vos missions. J'ai trouvé que vous faisiez retentir avec beaucoup trop d'éclat la trompette de ces missions, ainsi que de vos procescesions. J'ai trouvé que vous aviez l'air de placer quelquefois avec complaisance vos milices à côté d'autres milices, vos drapeaux à côté d'autres drapeaux. J'ai trouvé que vous enrégimentiez d'une manière dangereuse pour l'Etat, sous le titre de congrégations, une partie de sa population. J'ai trouvé enfin qu'en étendant sur tout l'Etat une domination spirituelle dont le centre est à Rome, vous aggraviez les dangers de ce plan, en le renforçant par l'addition d'un carbonarisme jésuitique dont le centre est encore à Rome... Ne voyez-vous pas qu'à l'exception de je ne sais quel petit peuple stupide, aplati sous vos mains, et qui, comme à Jagrenat, se jetterait, s'il le fallait, sous les roues de votre char, vous avez contre vous toute la population chrétienne, toute la France libre et fière, que votre conduite remplit depuis longtemps d'impatience et prépare à l'indignation? Apercevant, comme je le fais, ce danger pour vous, pour la religion, pour le trône, quand je vous avertis d'un côté que le fanatisme de dévouement que vous ambitionnez ne se réalisera jamais; quand je vous montre d'un autre côté le fanatisme de haine qui ressort de votre conduite, qui chaque jour s'aggrave, et qui à quelque moment finira par éclater, que fais-je autre chose que de poursuivre la carrière des services que je vous ai faits toute ma vie (1)? »

Puissent tous les clergés, dans toutes les Eglises, profiter de ces sages conseils!

(1) P. 21-23.

Puissent aussi tous les gouvernements, dans tous les pays, écouter et mettre en pratique les conseils suivants :

« Si des précautions contre les entreprises ordinaires de l'orgueil sont indispensables à la sûreté de la société, combien ne doivent-elles pas l'être davantage envers une puissance rivale, dont l'action est telle qu'elle saisit l'âme tout entière, et qui commande, non pas au nom d'un souverain particulier, mais au nom d'elle-même et au nom de Dieu ? Une société qui serait négligée à cet égard, devrait être un objet de pitié (1). »

Montlosier a réclamé de la part de l'Etat « un système vigoureux de défense (2) », et, avant tout, des mesures préventives : car ce n'est pas quand le mal est consommé, dit-il, qu'il est à craindre ; c'est quand il se montre, quand il se prépare ; c'est alors qu'il faut déployer toute son énergie, toute son habileté, toutes ses forces, *principiis obsta* (3). C'est quand on voit les puissances hostiles ravitailler leurs places fortes et activer leurs préparatifs de guerre, qu'il faut soi-même fortifier sa défense et même préparer l'attaque (4). C'est de la prudence élémentaire. Que dirait-on de gens qui ne se précautionneraient pas contre l'incendie, la fièvre jaune ou la peste ? Or, dit Montlosier, « notre pensée à nous tous se porte à comparer l'établissement des jésuites à quelque chose comme l'incendie, la fièvre jaune, la peste (5) ». Ne pas s'en apercevoir, c'est être déjà atteint du mal. « Un jour, ajoute malicieusement Montlosier, j'entrai dans un magasin de parfumeur de la rue Saint-Honoré ; il me semblait que j'allais être asphyxié. Point du tout ; je m'aperçus que M. le parfumeur, Mme sa femme, leurs enfants se trouvaient parfaitement à l'aise. Voilà ce que c'est qu'un gouvernement

(1) P. 190. — (2) P. 130. — (3) P. 234. — (4) P. 192-193. — (5) P. 235.

depuis longtemps parfumé de jésuites. Accoutumé à cette atmosphère, il s'y trouve bien. L'estomac de Mithridate, qui reçoit chaque jour quelque goutte de poison, finit par s'y faire. Il en est de même de l'esprit d'un ministre; accoutumé jour à jour à avaler l'absurdité des jésuites, il s'y est fait (1) ».

Montlosier réclamait, au contraire, la dissolution immédiate de toutes les associations jésuitiques, quelque nom qu'elles portassent. Il démontrait que cette dissolution était exigée par les lois françaises. Il se prévalait de ce que la religion catholique était la religion de l'Etat, pour demander que l'Etat fît revivre contre toutes les entreprises préjudiciables à son autorité, toutes les garanties antérieures que l'Etat avait prises (2).

Enfin, Montlosier, s'adressant à tous ses concitoyens, les conjurait de fuir « la maladie indéfinissable » dont beaucoup d'esprits étaient atteints, maladie qui n'était autre que l'indifférence, ou plutôt la faiblesse de caractère. Ces indifférents, ces pusillanimes, de peur de troubler la France, consentaient à la laisser périr (3) ! Sous prétexte qu'ils n'avaient rien à redouter personnellement des jésuites et autres congréganistes, importés d'Italie par un fanatisme stupide (4); sous prétexte qu'ils n'en mangeraient pas moins leur pain chaque jour, ils laissaient tout faire et tout passer. Montlosier les reprend énergiquement et leur rappelle que tout citoyen, aujourd'hui, a besoin d'une autre nourriture supérieure; qu'il a un Dieu à aimer et une patrie à servir; que l'histoire est là pour l'éclairer et lui apprendre son devoir; que l'histoire est « remplie des abus de la puissance spirituelle, des révoltes que ces abus ont excitées, des pertes qu'ils ont fait éprouver à la religion même » ; et que, par conséquent, le devoir de chacun et de tous, des États comme des particuliers, est « de prendre des précautions telles, que ces abus ne se renouvellent plus (1) ». Que celui donc qui a des oreilles, entende; et que celui qui a de la raison, comprenne!

---

(1) P. 259.

www.ingramcontent.com/pod-product-compliance
Lightning Source LLC
Chambersburg PA
CBHW061124050726
47594CB00005B/2080